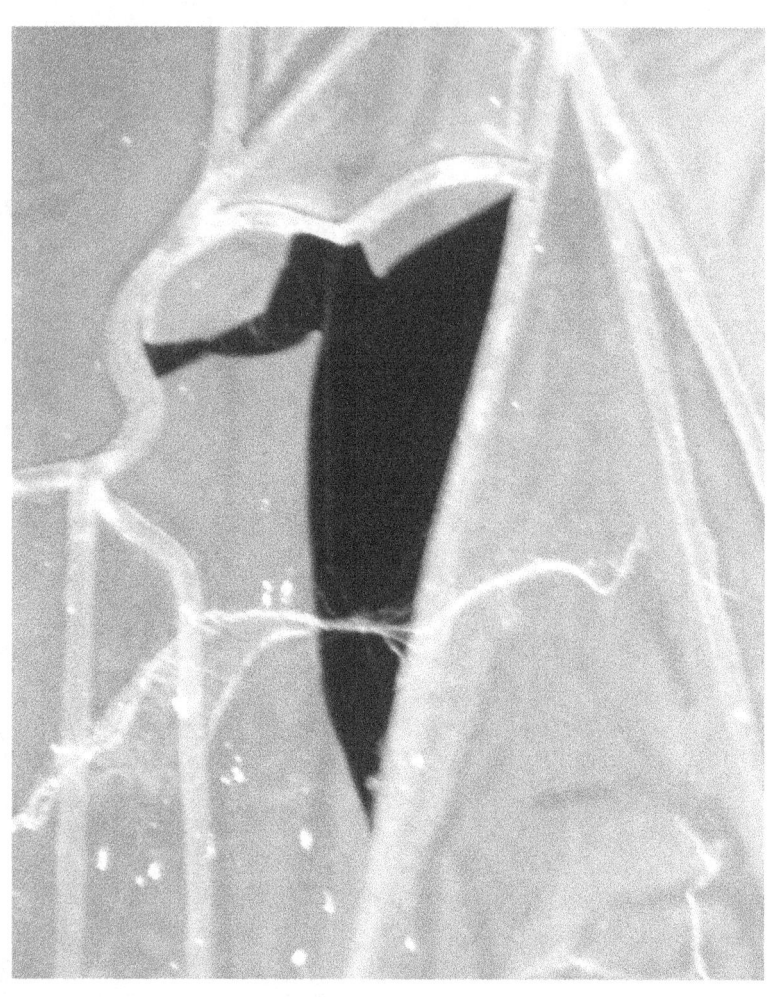

Ça magouille aux assurances

(Pièce de théâtre avec six femmes ou version six hommes)

Du même auteur*

Certaines œuvres sont connues sous différents titres.

Romans

Le Roman de la Révolution Numérique
La Faute à Souchon : (Le roman du show-biz et de la sagesse)
Quand les familles sans toit sont entrées dans les maisons fermées
Liberté j'ignorais tant de Toi (Libertés d'avant l'an 2000)
Viré, viré, viré, même viré du Rmi !
Ils ne sont pas intervenus (Peut-être un roman autobiographique)

Théâtre

Neuf femmes et la star
Les secrets de maître Pierre, notaire de campagne
Ça magouille aux assurances
Chanteur, écrivain : même cirque
Deux sœurs et un contrôle fiscal
Amour, sud et chansons
Pourquoi est-il venu :
Aventures d'écrivains régionaux
Avant les élections présidentielles
Scènes de campagne, scènes du Quercy
Blaise Pascal serait webmaster
Trois femmes et un Amour
J'avais 25 ans
« Révélations » sur « les apparitions d'Astaffort » Brel Cabrel

Théâtre pour troupes d'enfants

La fille aux 200 doudous
Les filles en profitent
Révélations sur la disparition du père Noël
Le lion l'autruche et le renard,
Mertilou prépare l'été
Nous n'irons plus au restaurant

* extrait du catalogue, voir page 67

Stéphane Ternoise

Ça magouille aux assurances

(Pièce de théâtre avec six femmes ou version six hommes)

Théâtre

Sortie numérique : 7 mars 2011

**Edition revue et actualisée en avril 2014.
Disponible en numérique et en papier.**

Jean-Luc PETIT Editeur - collection Théâtre

Stéphane Ternoise versant dramaturge :

http://www.dramaturge.fr

Tout simplement et logiquement !

Tous droits de traduction, de reproduction, d'utilisation, d'interprétation et d'adaptation réservés pour tous pays, pour toutes planètes, pour tous univers.

Site officiel : http://www.ecrivain.pro

© Jean-Luc PETIT - BP 17 - 46800 Montcuq – France

Ça magouille aux assurances

Deux versions : six femmes ou six hommes.
Mais ce n'est pas un simple copier coller : dans une situation similaire, les femmes et les hommes ne se comportent pas de la même manière, même si la magouille prédomine !

L'auteur a travaillé dans une société d'assurance, de 1988 à 1993, à Arras dans le Pas-de-Calais puis Reims dans la Marne.

Trois visages...

Ça magouille aux assurances

Comédie en trois actes

(le troisième, plus dramatique, est facultatif)

Distribution : six femmes.

Histoire :
En ce temps-là, au début des années 1990, le tabac régnait dans la société française. Néanmoins, Clara, la cafetière (la veuve de Jojo), avait accordé une salle aux non-fumeurs, utilisée uniquement par des femmes. Une seule table avec Françoise, Pierrette, Jeanne et Jocelyne. Quatre veuves. Mais la première part désormais avant 8 heures. Pourquoi ? Mystère ! Et elle est remplacée par Claude, « *une brave fille.* »
Un jour d'anniversaire, Françoise avoue ses grands secrets. Mais Claude n'était pas là par hasard, elle attendait sa confidence.
Claude est inspectrice des assurances, en mission, en recherche de preuves dans des arnaques aux fausses déclarations.

Personnages :
Quatre joueuses de belote, d'une cinquantaine d'années : Françoise, Pierrette, Jeanne, Jocelyne.
La cafetière, Clara, d'âge proche.
Claude, plus jeune, remplace Françoise, à 8 heures.

Deux visages

Acte 1

Scène 1

Françoise, Pierrette, Jeanne, Jocelyne. Puis Clara et Claude.

Une pièce non-fumeur à l'étage, isolée, d'un café. Trois tables. À l'une, quatre femmes jouent à la belote, abattent les dernières cartes d'une partie.

Françoise, *de dos* : - Faut que j'y aille.
Pierrette : - Eh la Françoise, tu vas pas encore nous abandonner. Il n'est même pas huit heures.
Françoise : - Eh ! J'ai promis. J'ai promis de rentrer à huit heures moins le quart et je n'ai pas une fusée. (*Elle se lève*) Vous trouverez bien un agréable monsieur préférant les feuilles de Prévert à celles du tabac.
Jeanne : - En descendant, demande au moins à Clara, qu'elle nous remette une tournée...
Françoise : - Et je vous l'offre, la tournée.
Jeanne : - T'as fait une bonne affaire, la Françoise ?...
Jocelyne : - Oh !... quand la Françoise sourit comme ça !... Il faudra que tu nous racontes ça.
Françoise : - Un jour j'écrirai mes mémoires, je te l'ai déjà dit !... Elles seront publiées comme des confessions, pour la postérité, quand j'aurai quitté ce bas monde... (*elle s'en va*)

Pierrette, *lui criant :* - Et n'oublie pas de demander à Clara qu'elle nous dégote un non-fumeur sachant jouer à la belote... Si tu as le temps, il n'est pas comme le train, il t'attendra ! (*aux autres :*) elle ne rate jamais l'occasion de nous placer un peu de littérature... elle a changé la Françoise...
Jeanne : - Ça tu l'as dit !
Jocelyne : - Un sacré numéro !

Pierrette : - Ça cache quelque chose, pardi !... Et le jour où le paquet de clopes coûtera plus cher que le kilo de gigot, les fumeurs viendront jouer ici. Un non-fumeur, ça devrait se trouver quand même, chez Clara...
Jeanne : - Pas sûr !
Pierrette : - Quel malheur qu'à part nous, les femmes du quartier pensent qu'une femme franchissant les portes d'un bistrot est une femme perdue ! Faut que ça change !
Jeanne : - Le jour où Pierrette sera au gouvernement, c'est la révolution ! Chez les buralistes et les assureurs, les deux plus grands voleurs du pays. Révolution ! On les met sur la paille, les profiteurs ! Et les misogynes à Cayenne !

Pierrette : - Clara va monter avec ses trois digestifs, si elle n'a personne pour taper encore quelques parties, on va lui prétendre que le gouvernement a annoncé qu'il allait doubler le prix des clopes, ça nous fera une bonne discussion, un bon quart d'heure.
Jeanne : - Faut avancer un chiffre réaliste,

doubler, elle n'y croira pas. 20%, ça peut bien l'énerver.
Jocelyne : - Ah cette Clara ! Quelle santé ! Quand elle s'énerve, c'est une caméra qu'il nous faudrait (*entre Clara, très dynamique*)

Clara : - Clara quand elle s'énerve ! Vous avez déjà vu Clara s'énerver, les trois mousqueteuses ? Et même révolutionnettes (*Clara est suivie de Claude*). Et je vous ai capturé la buse rare. Elle va vous plumer, les dindonnettes !
Jocelyne : - Dindonnettes abreuvées uniquement aux digestifs made in France ! Dindonnettes que tu n'auras pas pour ton Noël, madame la gastronome !
Clara : - Elle accepte de jouer dans une salle non-fumeur. Eh oui, fini le temps où vous pouviez me mettre le couteau de l'amitié sous la gorge, avec votre « offre-nous une tournée Clara, nous sommes les seules femmes du bistrot ! »
Pierrette : - Le couteau de l'amitié ! Tu as pris des cours de poésie chez l'Antonin !
Clara*, se tournant vers Claude :* - J'espère que c'est par bonté pour des âmes perdues, que mademoiselle s'avère être une noble fumeuse, sachant apprécier les vrais bonheurs, les vraies saveurs, le sel et le poivre de la vie.
Claude : - Je n'ai jamais fumé. La santé est mon seul vrai capital.
Clara : - La santé ! Opposer tabac et santé ! Pfou ! J'ai toujours fumé et j'ai l'air malade ?

Jocelyne : - Hé Clara, la santé faut la protéger. Mademoiselle a raison : la santé est notre seul vrai capital. Il faut donner des droits aux non-fumeurs.
Clara : - Comme le disait si bien mon cher Jojo : on ne vous fait pas payer la fumée ! On vous l'offre ! Je vous ai en plus aménagé une salle, et même chauffée ! Vous voudriez en plus le serveur sur vos genoux ?
Jocelyne : - Tu ne devrais pas le laisser fumer comme ça, ce n'est qu'un gamin.
Clara : - Un gamin ? Tu l'as pas bien regardé ! Il pourrait sûrement t'en apprendre !
Jocelyne : - Je regarde plus haut que toi ! Regarde ses poumons !
Clara : - J'ai roulé mon premier gris à 12 ans. Tu vois bien que le tabac ça conserve.
Jocelyne : - Ça conserve les sardines en boîtes !
Clara : - Avec des sardines de ton genre, le port de Marseille n'est pas prêt d'être bouché !
Pierrette : - Le vent tourne, Clara, bientôt les fumeurs devront respecter notre droit à vivre sans fumée.
Clara : - Sans fumée ! Est-ce qu'on a déjà entendu ça ! Ah la la ! Ruinée, je vous dis, ruinée, ils veulent nous ruiner... Allez, je passe aux présentations, Claude.
Claude : - Non-fumeuse !
Pierrette : - Pierrette, Pierrette la pipelette, non-fumeuse. (*elles se serrent la main*)

Jeanne : - Jeanne, Jeannette aime la fête, non-fumeuse. (*idem*)
Jocelyne : - Jocelyne parfois Joce, toujours et définitivement non-fumeuse. (*idem*)
Clara : - Heureusement que vous vous rattrapez sur les fines ! Mais si ce gouvernement continue à voler nos clients, je passe les digestifs au prix de la truffe du Périgord.
Jeanne : - Hé Clara, tu devrais te lancer dans la politique, ça c'est un slogan ! Tu devrais publier un recueil de tes plus belles répliques, je les achèterai tes brèves de comptoir !
Clara : - À la retraite, promis ! Ma p'tite sœur a déjà déposé à la Bibliothèque Nationale le titre des siennes, de mémoires.
Jeanne : - Et qu'est-ce qu'elle devient l'Odette ? Toujours dans l'ombre d'Antonin ?
Clara : - Bah, elle délire toujours aussi grave ! Elle exagère un peu sur les p'tites pilules mais elle reste adorable. On dirait que le temps n'a aucun effet sur elle.
Pierrette : - Elle a une belle vie...
Clara : - Si on veut... Je ne sais pas si j'échangerais ma vie avec la sienne...
Pierrette : - Etre l'amante d'Antonin procure quand même bien des avantages.
Clara : - Sûr que les beaux voyages, elle connaît. Mais elle a quand même sacrifié sa vie pour lui.
Pierrette : - Puisqu'on est entre nous : c'est vrai tout c'qu'on raconte à leur sujet ? Il l'a vraiment mise enceinte avant ses treize ans ?

Clara : - Ah les ragots ! Je suis vaccinée ! Même si on raconte n'importe quoi, laisse dire ! C'est la philosophie d'Odette, c'est devenu la mienne.
Pierrette : - Comme on dit, y'a pas de fumée sans feu ! Le show-biz est quand même un milieu spécial. On en rêve toutes mais je ne sais si elles sont plus heureuses que nous, les Odette et compagnie.
Clara : - Allez, vous n'avez qu'à crier quand vous aurez soif ! (*en sortant :*) Les fumeurs me réclament ! Et le public sachant offrir un cigare contre une rime majeure.
Pierrette : - Tu ne préfères pas un bisou du serveur ?
Clara, *déjà sortie* : - Oh les jalouses !... C'est une mode venue d'Angleterre, les femmes mûres dévoreuses de gamins... et il aime la fumée...
Jocelyne : - Je n'ai rien dit. Mais entre nous, l'Odette, je l'ai croisée à l'aéroport y'a même pas quinze jours et elle a fait comme si elle ne me connaissait pas.
Pierrette : - Ça t'étonne ! Elle est fière comme si elle écrivait les tubes de l'Antonin. C'est sûr qu'elle doit souvent tenir son stylo et être bien imbibée de son encre...
Jocelyne : - C'est surtout qu'elle était main dans la main et se bécotait jusqu'à l'indécence avec une jeune femme, « *ma princesse* » qu'elle l'appelait...
Pierrette : - C'est ça le show-biz !

Scène 2

Les quatre mêmes qu'au début de la scène 1.

Pierrette : - J'espère que Claude sera là.
Jeanne : - C'est une sacrée joueuse.
Jocelyne : - Et une brave fille... même si elle ne sait pas ce que c'est qu'être veuve !

> *Claude entre avec cinq fines sur un plateau.*

Françoise : - Hé ! Quand on parle de la suivante.
Pierrette : - Ne dis pas que séduire sa tante te tente !
Jeanne, *à Claude* : - Clara t'a embauchée ?
Claude : - Elle vient d'arrêter sa télé, on y annonce une hausse de 10% des clopes, alors en plus elle ne pouvait pas monter vous affronter !
Pierrette : - Ah ! C'est l'interdiction pure et simple dans les lieux publics et les bureaux, qu'il faudrait prononcer. Mais aussi les salles de spectacles, les discothèques. Dans quel état seront ces jeunes à quarante ans ?
Jeanne : - N'en demande pas trop ! Tu sais bien que jamais ça n'arrivera, la régie est nationale, l'état ne va pas se priver de son petit commerce.
Jocelyne : - Ce sera comme l'école, l'Etat reculera dès qu'il y aura quelques manifestants dans les rues.

Pierrette : - Et les malades, tu crois pas que ça lui coûte à l'état ?
Jocelyne : - Bah, celui qui se chope le cancer, on ne peut pas dire qu'il coûte cher, ils font bien semblant de le soigner, tu as vu mon père, c'est pour ça que je me suis arrêtée de cloper, on va pas me faire croire que le tabac n'y était pour rien, que c'était le destin.
Jeanne : - Ils peuvent nous donner la retraite à 60 ans, si on s'engage à crever d'un cancer à 59 ! Nos conditions de travail, si on en parlait ! Ces maudits chefs avec leur clope et on doit s'écraser !
Jocelyne : - Tabagisme passif, on appelle cela ! C'est presque aussi grave que de l'avoir au bec ! De l'assassinat, je dis moi. Mais on est quoi, face à ces messieurs ?!
Françoise : - Ah, tu m'en as monté une pour le voyage !
Pierrette : - Il va bien falloir que tu nous racontes où tu vas tous les dimanches à huit heures.
Françoise : - Si on vous le demande, répondez que j'ai rendez-vous avec l'Antonin !
Jocelyne : - Regardez-le en vrai, plutôt que dans votre télé, et vous verrez un homme sans intérêt et même sans charme.
Jeanne : - Ah ! Il n'a pas le charme de ton Carlo !
Pierrette : - Et tu crois que dans l'aéroport d'Addis-Abeba, tu l'as vu avec des yeux objectifs, ton Don Juan ?
Jocelyne : - Je ne raconterai plus rien !

Pierrette : - On ne va pas te reprocher ta sincérité ! Mais laisse-nous le droit de te taquiner !
Jocelyne : - Au fait, il m'a réécrit ! Sa Momina, il a passé quatre nuits avec elle.
Pierrette : - Ça t'étonne ! Une femme qui a le culot d'écrire « *je n'ai aucune raison de tromper mon copain mais si l'on se revoit je suis en danger* », on sait bien ce qu'elle veut.
Jocelyne : - Mais elle a rapidement eu des prétentions : elle voulait la bague au doigt et le gosse dans le ventre.
Pierrette : - Encore une folle ! Elle accepte le rôle de la cocotte et voudrait qu'on la respecte !
Françoise : - Vos confidences m'intéressent mais pas suffisamment pour me retenir !

Pierrette : - En tout cas, il faut qu'on sache quel bel homme a une femme qui part tous les dimanches à huit heures.
Françoise : - Ah !... (*elle vide son Grand-Marnier d'un trait et sort*) salutas les amies.

Pierrette, *en attendant qu'elle ait descendu l'escalier :* - Elle nous cache des choses la Françoise ! Vous voulez savoir où elle va ?
Jeanne : - Eh ! Tu le sais toi ?... et tu ne nous as toujours rien raconté !
Pierrette : - Tu sais que mon neveu travaille à la gare.
Jeanne : - La Françoise lève un minet tous les dimanches à la gare !?
Pierrette : - Si tu ne m'interrompais pas, tu

saurais plus vite ! La Françoise elle prend le train !
Jeanne : - Ça ne nous dit pas où elle va.
Pierrette : - Mais elle ne revient que le jeudi soir.
Jeanne : - Oh quelle histoire ! Mais ça ne dit pas où elle va.
Pierrette : - Et tu crois qu'avec un neveu chef de gare, je ne le saurais pas ?
Jocelyne : - Il est chef de gare, ce blanc bec ?
Pierrette : - Pas encore mais ça va venir, il en a déjà toutes les responsabilités. Alors la Françoise, elle a une deuxième vie ! Elle s'est acheté une magnifique propriété près de la gare de Castel !
Jeanne : - Oh !... et avec quel pognon ?
Pierrette : - J'ai trouvé le début, c'est à vous de dénicher les autres pièces du puzzle.
Jocelyne : - C'est simple : six bons numéros au loto, y'a que ça pour devenir riche sans magouiller. Puisqu'elle n'est pas chanteuse !

Scène 3

Les quatre mêmes que la scène 1, bien éméchées. Plus Claude assise derrière Françoise.

Pierrette : - Allez Françoise, tu passes à table ce soir, tu vides ton garde-manger, maintenant qu'on sait toutes que tu as une résidence secondaire à Castel, va falloir nous expliquer comment tu as manigancé !
Françoise : - Que j'ai quoi !?
Jeanne : - Allez, c'est un secret de polichinelle, le dimanche à 8h25, tu prends le train !
Françoise : - On m'espionne ou quoi ? C'est le KGB ?
Jeanne : - Tout le pays le sait !
Françoise : - Eh alors ! Je peux prendre le train quand il me plaît ! Je n'ai aucune autorisation à demander à tartempion ni Big Brother. Je suis une femme libre, mon amie ! Je n'ai même jamais adhéré à un parti politique ni à un syndicat !
Pierrette : - Ne t'énerve pas Françoise, et après tu mets tes pieds dans ton salon tout luxe, t'as même arrêté de travailler.
Françoise : - Eh ! À mon âge, on a droit à la préretraite !
Jocelyne : - La préretraite à ton âge ! On n'est pas en Suède !
Jeanne : - De toute manière, quand on prend sa préretraite, on paye une fine aux amies !

Pierrette : - Ça c'est vrai ! Tu nous en dois une, de cuite !
Jeanne : - Allez, Françoise, tu me le dois ! C'est mon anniversaire, alors comme cadeau, je te demande juste de raconter... où tu l'as trouvé, le pognon, mon amie ?
Françoise, *sourit :* - Allez, on est entre nous... Mais c'est un secret... ça reste entre nous... promettez !
Toutes : - Promis Françoise !
Françoise : - Vous vous souvenez de ma Mercedes avec ce boulet de crédit que je ne pouvais pas rembourser ?
Pierrette : - Hé, on a tous compris que tu l'avais noyée dans la rivière pour toucher les assurances.
Françoise : - Bien mieux ! L'assurance me l'a payée mais je l'avais revendue en Hongrie !
Pierrette : - Hé pardi, c'est un bon plan, t'aurais pas pu m'en parler avant, tu connais un passeur honnête ?
Françoise : - 60 - 40, pas génial, mais sur une Mercedes neuve !
Jocelyne : - Ça te fait pas le prix d'une résidence secondaire à Castel.
Françoise : - Ah ! (*elle sourit*)
Jeanne : - Je suis certaine maintenant que tu as eu une idée de génie. Allez, raconte, mon amie.
Françoise : - On peut le dire ! Quand ma mère est morte, vous avez respecté mon deuil, vous n'avez pas posé de questions. Elle est morte d'une belle mort, elle a pris son café

comme tous les matins, elle m'a regardé et elle a simplement murmuré "je meurs", et elle est morte, presque en souriant. (*silence que tout le monde respecte en attente de la suite*) Une attaque. Le docteur m'avait prévenue que ça pouvait arriver. Le temps du choc passé, une idée de génie m'a traversé l'esprit, comme si Dieu en personne, au moins Saint Pierre, me l'avait dictée. Il m'a montré le contrat d'assurance, mon archange Gabriel. Alors je l'ai portée dans la voiture, j'ai eu la suée de ma vie mais c'était comme si Dieu en personne me soutenait, comme si j'avais les forces d'Arnold Schwarzenegger, et hop, un p'tit accident. Comme elle avait une autorisation médicale de ne pas attacher sa ceinture, le pactole par les assurances. (*silence émerveillé, on sent une nervosité chez Claude*) Quand tu meurs dans ton lit, pas un centime, dans une voiture, beau pactole, l'idéal, ç'aurait été de l'embarquer dans un avion en sachant qu'il allait s'écraser. (*silence*)
Pierrette : - De toute façon elle était morte, t'as eu l'idée, t'aurais eu tort de ne pas en profiter.
Jeanne : - Mais t'aurais quand même pu nous payer une fine !
Françoise : - Ça ne sort pas d'ici... Oups 8 heures 2, j'y cours... (*se lève et sort en vitesse*)
Jocelyne : - Faudra nous inviter...

Pierrette : - Sacrée Françoise !

Jeanne : - Sacrée bonne femme, encore plus maline que je le croyais.
Jocelyne : - Ouais, ça c'est une femme libre ! Jamais elle n'a donné une enveloppe au député, elle a toujours su se débrouiller toute seule !
Pierrette : - C'est pas honnête, mais t'en connais, toi, des riches aux mains propres ?...
Jocelyne : - Six bons numéros au loto, y'a que ça.
Jeanne : - Moi je dis, quand on a une idée de génie comme elle a eu, il faut la jouer à fond. Et on ne va quand même pas s'arrêter à cause de leur morale, à ces notables dont les parents sont devenus riches avec le marché noir.
Jocelyne : - Les pires ce sont ces députés et leur enveloppe pour un permis de construire, pour faire sauter un PV, exempter un gosse du service militaire, comme s'ils ne gagnaient déjà pas trop avec l'argent de nos impôts !
Jeanne, *hurlant* : - Clara ! Une tournée !

Rideau

Acte 2

Claude puis Françoise.
Le bureau de Claude Duglaner, inspectrice chargée de contrôles aux Assurances. Un bureau type de petit chef dans les assurances. Elle est assise dans un grand fauteuil et devant le bureau deux petites chaises.

Claude, *au téléphone :* - Bien, laissez-la patienter quelques minutes. (e*lle raccroche*)

Claude : - Ah ! Je m'y étais pourtant habituée à ces parties de belote. Mon plus grand plaisir de la semaine. Mais nous ne sommes pas sur terre pour le plaisir ! Et les augmentations passent par des résultats. Ah ! Si je n'avais même qu'un pour cent de tout ce que l'on va récupérer ! Mais pas d'intéressement... nous devons travailler consciencieusement pour le bien de la société.
Enfin, après une telle réussite, ils accepteront enfin ma mutation sur la côte d'Azur... Ah la côte d'Azur ! Enfin, il est peut-être encore temps pour réussir ma vie, avoir une vraie vie mondaine... Je veux une augmentation, je veux une mutation, une prime de Noël, il me faut des résultats. Comme un homme !
(*elle prend son téléphone*)

Claude : - Nadège, faites entrer madame.

Tandis que la porte s'ouvre, Claude tourne son fauteuil afin d'être dos à l'arrivante.
Françoise entre timidement. La porte se referme derrière elle. Françoise observe, se doute d'une présence dans le fauteuil.

Françoise : - Vous m'avez convoquée, je suis là.

    Le fauteuil tourne...

Françoise : - Oh Claudia ! Qu'est-ce que tu fous là !
Claude : - Claude Duglaner, responsable du service contentieux.
Françoise : - Et tu avais besoin de me faire perdre mon mercredi pour me parler, ça ne pouvait pas attendre dimanche. Et qu'est-ce que tu manigances dans ce bureau de messieurs ?
Claude : - L'heure est grave.
Françoise : - L'heure ?
Claude : - Soit vous rendez l'argent détourné via de fausses déclarations, soit nous devons déposer plainte au tribunal, et dans cette hypothèse regrettable de non coopération, nous demanderons des dommages et intérêts exemplaires.
Françoise : - Hé Claudia, non seulement tu nous as caché ton véritable boulot mais en plus on t'a raconté des salades et tu les as crues. (*en souriant* :) Ta salade crute est trop cuite !
Claude : - J'ai préparé les documents de

renonciation. Il vous suffit de les parapher et nous signer un chèque du montant. (*elle avance la feuille*)
Françoise, *la regardant* : - Mais tu es folle !
Claude : - Une Mercedes et une assurance accident. C'est le montant que vous avez touché.
Françoise : - Mais tu es folle ! J'ai payé mes cotisations, j'ai eu la malchance qu'on me vole ma Mercedes et de perdre ma mère.
Claude : - Madame Caferré.
Françoise : - Tu peux m'appeler Françoise. Ou madame veuve Caferré. Hé Claudia ! Tu joues à quoi ?
Claude, *appuie sur le magnéto présent sur son bureau et on entend* : "*Le temps du choc passé, une idée de génie m'a traversé l'esprit, comme si Dieu en personne, au moins Saint Pierre, me l'avait dictée. Il m'a montré le contrat d'assurance, mon archange Gabriel. Alors je l'ai portée dans la voiture, j'ai eu la suée de ma vie mais c'était comme si Dieu en personne me soutenait, comme si j'avais les forces d'Arnold Schwarzenegger, et hop, un p'tit accident. Comme elle avait une autorisation médicale de ne pas attacher sa ceinture, le pactole par les assurances.*"

Françoise : - Tu as payé une imitatrice mais elle m'imite très mal ! Elle ne fera pas carrière, ta pintade !
Claude : - C'est un enregistrement réalisé par une personne assermentée, moi.

Françoise pose la main droite sur le magnéto.
Claude : - Ce n'est naturellement qu'une copie audio. L'enregistrement audio et vidéo ne laisse aucun doute, il fut réalisé avec une mini caméra dernier modèle, un bijou de technologie, insérée en lieu et place de ma montre. On voit très distinctement les lèvres énoncer ces mots. La preuve de culpabilité sera validée par tout tribunal compétent.
Françoise, *abattue :* - Oh Claudia, tu m'assassines.
Claude : - Je vous demande juste de restituer les sommes illégalement perçues.
Françoise, *se reprenant :* - Alors comme ça, tu pourras vivre avec ma mort sur la conscience ! Comment pourras-tu regarder nos amies ?
Claude : - C'est ma dernière affaire ici. Après un tel résultat, ma demande de mutation sera acceptée.
Françoise : - Y'a des promotions pour les assassins, dans ta boîte ?
Claude : - Soyez sérieuse, madame veuve Caferré, vous avez été riche quelques mois, vous refermez la parenthèse et reprenez votre vie d'avant, où vous n'étiez pas malheureuse.
Françoise : - Je n'étais pas malheureuse car j'ignorais tout ce qu'on peut se payer avec de l'argent. Maintenant je comprends mieux les politiques, qui se battent pour une écharpe, elle leur permet de faire sauter nos PV, exempter les enfants du service militaire ou signer un permis de construire, le tout contre

une petite enveloppe. Tu as déjà été riche, toi ?
Claude : - J'ai un bon salaire.
Françoise : - Moi aussi, j'en avais un. Un bon salaire pour une femme, comme on dit. Mais on ne devient pas riche en travaillant ! Tu le sais bien !
Claude : - La loi c'est la loi.
Françoise : - Ta loi des installés, des capitalistes, des magouilleurs au pouvoir, elle ne s'applique qu'aux vivants ! Tu ne récupéreras pas un centime quand je serai morte. Et tant qu'un tribunal n'a pas prononcé ma condamnation, je bénéficie de la présomption d'innocence, oui madame, je peux mourir innocente ! Toutes les procédures s'arrêtent à la mort, tu dois le savoir ! Il suffit que je meurs et tes poursuites, tu te les mets où tu veux ! T'en fais des avions ! Et en plus, pas de mutation, et plus personne ne fera une belote avec toi !
Claude : - Madame veuve Caferré, signez et vous pourrez profiter paisiblement de votre retraite.
Françoise : - Plutôt mourir ! Plutôt mourir que d'y retourner, au turbin ! Je suis une femme libre, mon amie ! Celle qui n'a pas peur de mourir est libre ! Tu sais que des philosophes l'ont écrit bien avant qu'existent tes assurances !
Claude, *qui perd de sa superbe* : - Madame veuve Caferré, soyez raisonnable.
Françoise : - Allez, pour tes peines, je veux

bien te donner six mois de salaire en échange de tes enregistrements. Pour que tu ne sois pas le dindon de l'affaire.
Claude : - Tentative de...
Françoise : - Tu vois, je suis raisonnable, c'est toi qui ne l'es pas ! Je préfère vivre mais s'il le faut je mourrai dignement. Sénèque s'est suicidé sans pleurer. Tu veux être mon Néron ? Tu as le grand bureau d'un homme, tu en as déjà le cœur ? Je me suis mise à la lecture et au jardinage, madame. Il n'est jamais trop tard pour se cultiver et cultiver ! L'important c'est la dignité, madame, on vit dignement et si on ne le peut pas, on meurt dignement.
Claude : - La vie, ce n'est pas de la philosophie. Et le détournement d'argent, ce n'est pas vivre dignement.
Françoise : - Qui, de ton assurance ou de moi, est le plus riche ? Qui a des comptes en Suisse ? Qui détourne de l'argent ? Et je vais t'apprendre, mon amie, dans la philosophie antique, il y avait aussi la logique : alors tu as deux possibilités ; soit je sors d'ici et je me fais écrabouiller par une voiture, alors non seulement ton patron ne récupérera jamais un centime de ce qu'il m'a payé mais en plus il paiera mon assurance-vie au fiston (*Claude est de plus en plus inquiète par la tournure des événements*). C'est pas difficile de se faire écraser, il suffit de traverser juste après un virage. Ou alors, on sort, on va chez moi, et on s'entend comme deux amies, comme de

vraies femmes qui savent refuser les fausses valeurs des hommes.

Claude : - Allez Françoise, tu as essayé, je t'aime bien, signe, ne m'oblige pas à transmettre le dossier au juge d'instruction.

Françoise, *se lève brusquement :* - Tu l'auras voulu. Mais avant de passer sous deux roues, faut que je raconte aux copines ce que tu as fait. J'aurais jamais cru ça de toi ! On t'a accueillie comme une sœur ! Je te propose même une bonne prime pour que tu n'aies pas l'impression que je profite de ton amitié ! Je sais bien que les affaires sont les affaires ! Mais puisque tu préfères perdre sur tous les tableaux ! Non seulement tu finiras ta carrière ici mais plus personne ne jouera à la belote avec toi. (*elle part, ouvre la porte*)

Claude : - Attends Françoise (*Françoise continue*). Tu as gagné Françoise.

Françoise, *se retournant et revenant juste à la porte* : - Tu disais ?

Claude : - Viens t'asseoir, on va s'arranger. Tu es vraiment un sacré numéro.

Rideau

Acte 3

(facultatif)

Une pièce légère, montrant les limites de l'honnêteté même chez le personnel féminin chargé de faire respecter la loi des assureurs, peut s'arrêter sur le "on va s'arranger" de l'acte 2.
Avec cet acte, la fin vire au sombre, au tragique.
Il s'adresse naturellement à un autre public, d'autres troupes.
L'auteur laisse ainsi un choix aux troupes ! Donnez la couleur de votre pièce. Et sa longueur.

Scène 1

Décor identique à l'acte 1.

Françoise, Pierrette, Jocelyne et Claude jouent. Atmosphère très pesante. Visages tristes, fatigués et crispés. Ils terminent une partie.
Manque donc Jeanne.

Clara, les traits très tirés, plus que fatiguée, air malade, cireux, entre et pose quatre fines sur la table. Les précédentes ne sont pas vidées.

Clara, *après avoir toussé :* - Allez les filles, je vous les offre. (*elle se retourne de nouveau pour tousser*)
Claude : - Merci Clara...
Clara : - Ah, je crois que j'ai vraiment chopé un mauvais coup de froid.
Jocelyne : - Ça doit être ça, t'inquiète pas, ça va passer. Même le sourire de Carlo n'a pas réussi à me redynamiser.
Clara : - Ah, je crois que ça nous a toutes foutu un coup... moi c'est sur les bronches que je l'ai pris.
Jocelyne : - L'hiver est long cette année...
Clara : - Allez les filles, je vous laisse terminer (*en sortant, on l'entend encore tousser*)

Elles reprennent sans passion leur jeu. Silence.

Pierrette : - Ah ! La Clara, y'a bien qu'elle qui sait pas ce qu'elle a attrapé. L'agonie de son pauvre Jojo ne l'a même pas éloignée des clopes. Et on dirait qu'elle l'a oublié, que lui aussi ça a commencé comme ça. Et malgré ça, ça continue de fumer en bas...
Jocelyne : - N'y pense plus, profite du temps présent, vis avec passion et sincérité ces instants merveilleux, m'a répété au moins dix fois ce Carlo. Il me reprochait de ne pas sourire ! Comme si on peut sourire dans les bras d'un tel type !
Pierrette : - Pourtant tu semblais contente qu'il passe te voir avant son séjour de méditation, le monsieur.

Jocelyne : - Je ne suis pas naïve ! Si Momina lui avait offert son corps pour le week-end, il aurait préféré sa jeunesse que mes années même bien entretenues ! Mais elle est retournée avec son amour, vous savez, celui qu'elle n'avait pas de raison de tromper, sauf qu'elle était incapable de vivre trois mois loin de lui sans s'offrir des émotions.
Pierrette : - Tu ne l'aimes pas !
Jocelyne : - Elle n'est qu'une petite cocotte qui ne méritait pas mieux que d'être traitée comme une petite poule et lui, derrière la patine de l'homme sage, il n'y a qu'envies de manipuler les femmes pour les consommer.
Claude : - Souvent les hommes qui s'occupent à ce point de leur aspect extérieur et dont le discours est bien rôdé, ils cachent une grande noirceur à l'intérieur. J'en ai croisés.
Pierrette : - Comment as-tu pu te laisser rouler dans la farine comme une adolescente ?
Jocelyne : - J'aurais dû comprendre quand après notre dialogue très amical, il a profité de l'escale au Caire pour aborder quelques jeunes femmes. Il s'est fait congédier rapidement par une blonde et s'est rabattu sur cette Momina. Et il leur a trouvé deux sièges libres pour se baratiner jusqu'à l'indécence.
Pierrette : - Tu aurais dû le mépriser après un tel affront.
Jocelyne : - Mais son mail du lendemain était

tellement charmant. Puis il m'envoyait les mails de cette Momina, en me montrant bien par des p'tits commentaires spirituels qu'elle n'est qu'un jeune corps désirable. Elle lui demandait une lettre d'amour. Fais-moi jubiler un peu elle écrivait deux lignes après avoir noté « *je n'ai pas de raison de tromper mon copain mais si l'on se revoit je doute qu'on puisse rester sages.* » J'ai vraiment cru qu'il cherchait une femme mûre et sérieuse.
Pierrette : - Les femmes comme cette Momina sont plus nombreuses qu'on le croit... Si je racontais tout ce que je sais, le département serait en guerre civile !

Silence jusqu'à la dernière carte.

Françoise : - Pierrette ! C'est pas une raison pour jouer comme un pied !
Pierrette : - Allez, on pose les cartes !
Jocelyne : - T'as raison. C'est trop dur. Trop injuste. J'en confonds cœur et carreau.
Claude : - La vie est cruelle.
Jocelyne : - Et qu'est-ce qu'elle allait foutre chez sa tante, ça fait des années qu'elles se parlaient plus.
Françoise : - Hé, elle voulait que son père se réconcilie avec sa sœur avant de partir ! Il était plus bien costaud, l'Alphonse. Ça partait d'un bon sentiment.

Pierrette : - Ah ! Je vous dois la vérité.
Jocelyne : - La vérité !?
Pierrette : - Bin oui... je suis la seule à la connaître... et je sais pas si Jeannette

voudrait que ses amies continuent à s'imaginer...
Claude : - Un accident stupide, comme il en arrive tant. Manque de vigilance du chauffeur sur une route familière, on pense le connaître même les yeux fermés, et boum, comme d'habitude !
Pierrette : - Si tu savais....
Jocelyne : - T'es sûre de savoir la vérité vraie, toi ?

Pierrette : - J'étais quand même sa voisine, et quand elle avait besoin d'un coup de main, c'est moi qu'elle appelait.
Jocelyne : - Mais t'étais pas sur la route !
Pierrette : - Ce maudit dimanche soir, ce maudit 7 mars, Jeannette est venue frapper à ma porte. Son père venait de mourir. Vous savez toutes qu'il avait un cancer. Et vous devinez,

Françoise : - Oh j'en ai bien peur ! Malheur !
Pierrette : - Hé oui, elle m'a demandé de l'aider à le mettre dans la voiture. J'ai bien essayé de la persuader que c'était une bêtise. Tout le monde connaissait son état. Les assureurs ne sont pas aussi cons que ça. Mais elle voulait faire comme toi.
Françoise : - Aïe aïe aïe.
Pierrette : - Ouais... Elle venait de relire son contrat d'assurance, et c'est un accident qu'il fallait. Elle allait pouvoir arrêter de travailler. Sa mère, elle avait peur. Elle la suppliait presque, elle a bien répété dix fois que j'avais

peut-être raison, qu'elles allaient s'attirer des ennuis.
Jocelyne : - Mais quand elle avait une idée en tête !
Françoise : - Et elle t'a répondu "si Françoise a réussi, je vais réussir aussi."
Pierrette : - Exactement. Même que sa mère, elle l'a entendue, et elle a demandé « Françoise a réussi quoi ? » et notre Jeannette a conclu « c'est un secret entre amies. Point barre ! » Je peux bien te jurer que ton secret, elle est comme nous, la Jeannette, elle l'a gardé pour elle.
Françoise : - Si je l'avais gardé pour moi !
Pierrette, *répète* : - Si Françoise a réussi, je vais réussir aussi.
Jocelyne : - Hé, je l'aurais parié.
Pierrette : - Alors sa mère, elle n'a pas voulu la laisser partir tout seule, elle a finalement marmonné que ça semblerait bizarre, si elle n'y allait pas, chez la tante. Alors, quand j'ai vu que je pouvais plus les arrêter, j'ai dit, bon, je vais rester ici, comme ça si le gosse se réveille, il sera pas tout seul. Il dormait leur gosse, il ne savait pas que son pépé était mort. Vous savez bien que depuis la mort de son père, il se réveille toutes les nuits en sueur, les cauchemars.
Françoise : - Aïe aïe aïe.
Jocelyne : - Et il est parti avec eux.
Pierrette : - Hé oui, sa grand-mère l'a réveillé alors que sa mère et son grand-père étaient déjà dans la voiture, devant. Ils lui ont rien

raconté, pauvre gosse, juste qu'ils allaient faire une surprise à la tante Mathilde. Il voulait pas y aller. J'ai proposé une dernière fois "il peut rester ici."

> *Durant la réplique de Pierrette, la tête de Clara apparaît à la porte, puis elle se recule, on l'aperçoit encore mais personne parmi les joueuses ne peut la voir. Elle se retiendra plusieurs fois, difficilement, de tousser.*

Claude : - Malheur.
Pierrette : - Hé oui, comme ça le gosse, si on l'interrogeait, il raconterait ce qu'il savait, ce qu'il croyait, que son pépé était mort dans l'accident parce qu'il avait oublié de boucler sa ceinture. On peut récolter un PV pour une ceinture oubliée mais l'assurance ne peut pas utiliser la faute pour ne pas payer, dixit Jeannette.
Claude : - C'est malheureusement vrai (*s'arrête net, en se rendant compte de sa bévue, non remarquée, sauf par Françoise*).
Pierrette : - Et voilà, elle m'avait prévenue qu'elle allait se prendre doucement le poteau après le croisement, juste au virage, là où on l'a retrouvée le lendemain, leur voiture, mais dans la rivière.
Françoise : - Malheur, je n'aurais jamais dû vous raconter.
Pierrette : - Le pire, si on peut dire, c'est que le pognon de l'assurance, un sacré pactole, car Jeannette et sa mère aussi avaient une

assurance accident, maintenant il va revenir à son cousin qu'elle ne pouvait pas blairer.
Claude : - Sauf si l'assurance parvient à démontrer que le vieux était mort avant.
Pierrette : - On est quatre ici, et je ne vois pas l'une d'entre nous aller cafter aux voleurs ce qui s'est passé. C'est vrai que son cousin, il est plus con qu'un balai, il est même gendarme, tu sais.
Françoise : - Vous voulez bien me le promettre ?
Pierrette : - Quoi ?
Françoise : - De jamais essayer de m'imiter.
Jocelyne : - Comme dit cette pauvre Clara, on peut essayer de t'imiter Françoise, mais personne ne t'égalera...
Pierrette : - En tout cas, je suis vaccinée. Les assureurs sont des voleurs mais je ne jouerai pas au plus fin pour essayer de leur prendre une plume de leur duvet.
Jocelyne : - Si ça te rend poète ! En tout cas, Françoise, tu n'es plus celle que je souhaite égaler.
Claude : - Pourquoi, tu y avais pensé aussi ?
Jocelyne : - Hé ! Si l'occasion s'était présentée... Ma mère, elle n'est plus bien vigoureuse, je lui avais collé une assurance accident !
Pierrette : - J'avoue que la mienne aussi, elle en a une !
Françoise : - Vous êtes encore plus folles que moi !

Clara s'éclipse discrètement, sur la pointe des pieds.

Fin – rideau

Demande d'autorisation pour représentations sur http://www.ternoise.fr

Ça magouille aux assurances

Comédie en trois actes
(le troisième, plus dramatique, est facultatif)

Distribution : six hommes.

Histoire :
En ce temps-là, au début des années 1990, le tabac régnait dans la société française. Néanmoins, Jojo, le cafetier, avait accordé une salle aux non-fumeurs, peu nombreux. Une seule table avec Ferdinand, Pierre, Jean et Jef. Mais le premier part désormais avant 8 heures. Pourquoi ? Mystère ! Et il est remplacé par Claude, « *un brave gars.* »
Un jour d'anniversaire, Ferdinand avoue ses grands secrets. Mais Claude n'était pas là par hasard, il attendait sa confidence.
Claude est inspecteur des assurances, en mission, en recherche de preuves dans des arnaques aux fausses déclarations.

Personnages :
Quatre joueurs de belote, d'une cinquantaine d'années : Ferdinand, Pierre, Jean, Jef.
Le cafetier, Jojo, d'âge proche.
Claude, plus jeune, joueur remplaçant Ferdinand, à 8 heures.

Visage de Cahors
Poutre extérieure

Acte 1

Scène 1

Ferdinand, Pierre, Jean, Jef. Puis Jojo et Claude.

Une pièce non-fumeur à l'étage, isolée, d'un café. Trois tables. À l'une, quatre hommes jouent à la belote, abattent les dernières cartes d'une partie.

Ferdinand, *de dos* : - Faut que j'y aille.
Pierre : - Eh le Ferdinand, tu vas pas encore nous laisser. Il est même pas huit heures.
Ferdinand : - Eh ! J'ai promis. J'ai promis de rentrer à huit heures moins le quart et j'ai pas une fusée. (*Il se lève*) Vous trouverez bien quelqu'un.
Jean : - En descendant, demande au moins à Jojo, qu'il nous remette une tournée...
Ferdinand : - Et je vous l'offre, la tournée.
Jean : - T'as fait une bonne affaire, Ferdinand ?...
Jef : - Oh !... quand le Ferdinand sourit comme ça !... Il faudra que tu nous racontes ça.
Ferdinand : - Un jour j'écrirai mes mémoires, je te l'ai déjà dit !... Elles seront publiées comme des confessions, pour la postérité, quand j'aurai quitté ce bas monde... (*il s'en va*)
Pierre, *lui criant :* - Et n'oublie pas de demander à Jojo qu'il nous dégote un non-fumeur sachant jouer à la belote... Si tu as le

temps, elle n'est pas comme le train, elle t'attendra ! (*aux autres :*) il ne rate jamais l'occasion de nous placer un peu de littérature... il a changé le Ferdinand...
Jean : - Ça tu l'as dit !
Jef : - Un sacré numéro !
Pierre : - Ça cache quelque chose, pardi !... Et le jour où le paquet de clopes coûtera plus cher que le kilo de gigot, les fumeurs viendront jouer ici.
Jean : - Le jour où Pierrot sera au gouvernement, c'est la révolution ! Chez les buralistes et les assureurs, les deux plus grands voleurs du pays. Révolution ! On les met sur la paille, les profiteurs !
Pierre : - Jojo va monter avec ses trois pintes, s'il n'a personne pour taper encore quelques parties, on va lui prétendre que le gouvernement a annoncé qu'il allait doubler le prix des clopes, ça nous fera une bonne discussion, un bon quart d'heure.
Jean : - Faut avancer un chiffre réaliste, doubler, il n'y croira pas. 20%, ça peut bien l'énerver.
Jef : - Ah ce Jojo ! Quelle santé ! Quand il s'énerve, c'est une caméra qu'il nous faudrait (*entre Jojo, très dynamique*)

Jojo : - Jojo quand il s'énerve ! Vous avez déjà vu Jojo s'énerver, les trois mousquetaires ? Et même révolutionnaires (*Jojo est suivi de Claude*). Et je vous ai capturé l'oiseau rare. Il va vous plumer, les dindonneaux !

Jef : - Dindonneaux que tu n'auras pas pour ton Noël, monsieur le gastronome !

Jojo : - Il accepte de jouer dans une salle non-fumeur. (*se tournant vers lui*) J'espère que c'est par bonté pour des âmes perdues et qu'il s'avère être un noble fumeur quand même, sachant apprécier les vrais bonheurs, les vraies saveurs, le sel et le poivre de la vie.

Claude : - Je l'ai été, mais la dernière hausse a eu raison de mon habitude. Et ma santé...

Jojo : - La santé ! Opposer tabac et santé ! Pfou ! J'ai toujours fumé et j'ai l'air malade ?

Jef : - Hé Jojo, la santé faut la protéger. Il faut donner des droits aux non-fumeurs.

Jojo : - On ne vous fait pas payer la fumée ! On vous l'offre ! Je vous ai en plus aménagé une salle, et même chauffée ! Vous voudriez en plus la serveuse sur vos genoux ?

Jef : - Tu devrais pas la laisser fumer comme ça, c'est qu'une gamine.

Jojo : - Une gamine ? Tu l'as pas bien regardée ! Elle pourrait sûrement t'en apprendre !

Jef : - Je te parle pas de l'extérieur mais de ses poumons.

Jojo : - J'ai roulé mon premier gris à 12 ans. Tu vois bien que le tabac ça conserve.

Jef : - Ça conserve les sardines en boîtes !

Jojo : - Avec des sardines de ton genre, le port de Marseille n'est pas prêt d'être bouché !

Pierre : - Le vent tourne, Jojo, bientôt les

fumeurs devront respecter notre droit à vivre sans fumée.
Jojo : - Sans fumée ! Est-ce qu'on a déjà entendu ça ! Ah la la ! Ruiné, je vous dis, ruiné, ils veulent nous ruiner… Allez, je passe aux présentations, Claude.
Claude : - Non-fumeur !
Pierre : - Pierre, dit Pierrot, non-fumeur. (*ils se serrent la main*)
Jean : - Jean dit Jeannot, non-fumeur. (*idem*)
Jef : - Jef dit Jef, non-fumeur. (*idem*)
Jojo : - Heureusement que vous vous rattrapez sur les pintes ! Mais si ce gouvernement continue à voler nos clients, je passe la bibine au prix de la truffe du Périgord.
Jean : - Hé Jojo, tu devrais te lancer dans la politique, ça c'est un slogan ! Tu devrais publier un recueil de tes plus belles répliques, je les achèterai tes brèves de comptoir !
Jojo : - À la retraite, promis ! Allez, vous n'avez qu'à crier quand vous aurez soif ! (*en sortant :*) Les fumeurs me réclament ! Et le public sachant offrir un cigare contre une rime majeure.
Pierre : - Tu préfères pas un bisou de la serveuse ?
Jojo, *déjà sorti* : - Oh les jaloux !… C'est une vraie femme, elle aime la fumée…

Scène 2

Les quatre mêmes qu'au début de la scène 1.

Pierre : - J'espère que Claude sera là.
Jean : - C'est un sacré joueur.
Jef : - Et un brave gars.

> *Claude entre avec cinq pintes sur un plateau.*

Ferdinand : - Hé ! Quand on parle du successeur.
Pierre : - Dis pas que tu as su séduire sa sœur !
Jean, *à Claude* : - Jojo t'a embauché ?
Claude : - Il vient d'arrêter sa télé, on y annonce une hausse de 10% des clopes, alors en plus il ne pouvait pas monter vous affronter !
Pierre : - Ah !, c'est l'interdiction pure et simple dans les lieux publics et les bureaux, qu'il faudrait prononcer. Mais aussi les salles de spectacles, les discothèques. Dans quel état seront ces jeunes à quarante ans ?
Jean : - N'en demande pas trop ! Tu sais bien que jamais ça n'arrivera, la régie est nationale, l'état ne va pas se priver de son petit commerce.
Jef : - Ce sera comme l'école, l'Etat reculera dès qu'il y aura quelques manifestants dans les rues.
Pierre : - Et les malades, tu crois pas que ça lui coûte à l'état ?

Jef : - Bah, celui qui se chope le cancer, on peut pas dire qu'il coûte cher, ils font bien semblant de le soigner, tu as vu mon père, c'est pour ça que je me suis arrêté de fumer, on va pas me faire croire que le tabac n'y était pour rien, que c'était le destin.
Jean : - Ils peuvent nous donner la retraite à 60 ans, si on s'engage à crever d'un cancer à 59 ! Nos conditions de travail, si on en parlait ! Ces maudits chefs avec leur clope et on doit s'écraser !
Jef : - Tabagisme passif, on appelle cela ! C'est presque aussi grave que de l'avoir au bec ! De l'assassinat, je dis moi. Mais on est quoi, face à ces messieurs ?!
Ferdinand : - Ah, tu m'en as pris une pour le voyage !
Pierre : - Il va bien falloir que tu nous racontes où tu vas tous les dimanches à huit heures. Tu vas quand même pas sur le Boulevard.
Ferdinand : - Ça fait bien vingt ans que j'y ai pas garé ma poubelle, même en warning !
Pierre : - Alors il faut qu'on sache quelle belle femme a un mari qui part tous les dimanches à huit heures.
Ferdinand : - Ah !... (*il vide sa bière d'un trait et sort*) salut les amis.
Pierre, *en attendant qu'il ait descendu l'escalier :* - Il nous cache des choses le Ferdinand ! Vous voulez savoir où il va ?
Jean : - Eh ! Tu le sais toi ?... et tu ne nous as toujours rien raconté !

Pierre : - Tu sais que mon neveu travaille à la gare.
Jean : - Le Ferdinand lève une donzelle tous les dimanches à la gare !?
Pierre : - Si tu m'interrompais pas, tu saurais plus vite ! Le Ferdinand il prend le train !
Jean : - Ça ne nous dit pas où il va.
Pierre : - Mais il ne revient que le jeudi soir.
Jean : - Oh quelle histoire ! Mais ça ne dit pas où il va.
Pierre : - Et tu crois qu'avec un neveu chef de gare, je ne le saurais pas ?
Jef : - Il est chef de gare, ce blanc bec ?
Pierre : - Pas encore mais ça va venir, il en a déjà toutes les responsabilités. Alors le Ferdinand, il a une deuxième vie ! Il s'est acheté une magnifique propriété près de la gare de Castel !
Jean : - Oh !... et avec quel pognon ?
Pierre : - J'ai trouvé le début, c'est à vous de dénicher les autres pièces du puzzle.
Jef : - C'est simple : six bons numéros au loto, y'a que ça pour devenir riche sans magouiller.

Scène 3

Les quatre mêmes que la scène 1, bien éméchés. Plus Claude assis derrière Ferdinand.

Pierre : - Allez Ferdinand, tu passes à table ce soir, tu vides ton garde-manger, maintenant qu'on sait tous que tu as une résidence secondaire à Castel, va falloir nous expliquer comment tu as manigancé !
Ferdinand : - Que j'ai quoi !?
Jean : - Allez, c'est un secret de polichinelle, le dimanche à 8h25, tu prends le train !
Ferdinand : - On m'espionne ou quoi ? C'est le KGB ?
Jean : - Tout le pays le sait !
Ferdinand : - Eh alors !, je peux prendre le train quand il me plaît ! Je n'ai pas d'autorisation à demander à tartempion ni Big Brother. Je suis un homme libre, mon ami ! Je n'ai même jamais adhéré à un parti politique ni à un syndicat !
Pierre : - Ne t'énerve pas Ferdinand, et après tu mets tes pieds dans ton salon tout luxe, t'as même arrêté de travailler.
Ferdinand : - Eh !, à mon âge, on a droit à la préretraite !
Jef : - La préretraite à ton âge ! On n'est pas en Suède !
Jean : - De toute manière, quand on prend sa préretraite, on paye un pot aux amis !
Pierre : - Ça c'est vrai ! Tu nous en dois une, de cuite !

Jean : - Allez, Ferdinand, tu me le dois ! C'est mon anniversaire, alors comme cadeau, je te demande juste de raconter... où tu l'as trouvé, le pognon, mon ami ?
Ferdinand, *sourit* : - Allez, on est entre nous... Mais c'est un secret... ça reste entre nous... promettez !
Tous : - Promis Ferdinand !
Ferdinand : - Vous vous souvenez de ma Mercedes avec ce boulet de crédit que je pouvais pas rembourser ?
Pierre : - Hé, on a tous compris que tu l'avais noyée dans la rivière pour toucher les assurances.
Ferdinand : - Plus malin, l'assurance me l'a payée mais je l'avais revendue en Hongrie !
Pierre : - Hé pardi, c'est un bon plan, t'aurais pas pu m'en parler avant, tu connais un passeur honnête ?
Ferdinand : - 60 - 40, c'est pas génial, mais sur une Mercedes neuve !
Jef : - Ça te fait pas le prix d'une résidence secondaire à Castel.
Ferdinand : - Ah ! (*il sourit*)
Jean : - Je suis certain maintenant que tu as eu une idée de génie. Allez, raconte, mon ami.
Ferdinand : - On peut le dire ! Quand la grand-mère est morte, vous avez respecté mon deuil, vous n'avez pas posé de questions. Elle est morte d'une belle mort, elle a pris son café comme tous les matins, elle m'a regardé et elle a murmuré "je meurs", et elle est morte, presque en souriant. (*silence que tout*

le monde respecte en attente de la suite) Une attaque. Le docteur m'avait prévenu que ça pouvait arriver. Le temps du choc passé, une idée de génie m'a traversé l'esprit, comme si Dieu en personne, au moins Saint Pierre, me l'avait dictée. Il m'a montré le contrat d'assurance, mon archange Gabriel. Alors je l'ai portée dans la voiture et hop, un p'tit accident, comme elle avait une autorisation médicale de ne pas attacher sa ceinture, le pactole par les assurances. (*silence émerveillé, on sent une nervosité chez Claude*) Quand tu meurs dans ton lit, pas un centime, dans une voiture, beau pactole, l'idéal, ç'aurait été de l'embarquer dans un avion en sachant qu'il allait s'écraser. (*silence*)
Pierre : - De toute façon elle était morte, t'as eu l'idée, t'aurais eu tort de ne pas en profiter.
Jean : - Mais t'aurais quand même pu nous payer un pot !
Ferdinand : - Ça ne sort pas d'ici... Oups 8 heures 2, j'y cours... (*se lève et sort en vitesse*)
Jef : - Faudra nous inviter…

Pierre : - Sacré Ferdinand !
Jean : - Sacré bonhomme, encore plus malin que je le croyais.
Jef : - Ouais, ça c'est un homme ! Déjà il avait pas voulu faire son service militaire et l'avait pas fait ! Sans donner son enveloppe au député, en se débrouillant tout seul !

Pierre : - C'est pas honnête, mais t'en connais, toi, des riches aux mains propres ?...
Jef : - Six bons numéros au loto, y'a que ça.
Jean : - Moi je dis, quand on a une idée de génie comme il a eu, il faut la jouer à fond. Et on ne va quand même pas s'arrêter à cause de leur morale, à ces notables dont les parents sont devenus riches avec le marché noir.
Jef : - Les pires ce sont ces députés et leur enveloppe pour un permis de construire, pour faire sauter un PV, exempter un gosse du service militaire, comme s'ils ne gagnaient déjà pas trop avec l'argent de nos impôts !
Jean, *hurlant* : - Jojo ! Une tournée !

Rideau

Acte 2

Claude puis Ferdinand.
Le bureau de Claude Duglaner, inspecteur chargé de contrôles aux Assurances. Un bureau type de petit chef dans les assurances. Il est assis dans un grand fauteuil et devant le bureau deux petites chaises.

Claude, *au téléphone :* - Bien, laissez-le patienter quelques minutes (*il raccroche*)

Claude : - Ah ! Je m'y étais pourtant habitué à ces parties de belote. Mon plus grand plaisir de la semaine. Mais nous ne sommes pas sur terre pour le plaisir ! Et les augmentations passent par des résultats. Ah ! Si je n'avais même qu'un pour cent de tout ce que l'on va récupérer ! Mais pas d'intéressement... nous devons travailler consciencieusement pour le bien de la société.
Enfin, après une telle réussite, ils accepteront enfin ma mutation sur la côte d'Azur... Ah la côte d'Azur ! Enfin, il est peut-être encore temps pour réussir ma vie, enfin trouver une femme charmante et coquette... Je veux une augmentation, je veux une mutation, une prime de Noël, il me faut des résultats.
(*il prend son téléphone*)

Claude : - Nathalie, faites entrer monsieur Caferré.

Tandis que la porte s'ouvre, Claude tourne son fauteuil afin d'être dos à l'arrivant.
Ferdinand entre timidement. La porte se referme derrière lui. Ferdinand observe, se doute d'une présence dans le fauteuil.
Ferdinand : - Vous m'avez convoqué, je suis là.
Le fauteuil tourne...
Ferdinand : - Oh Claudio ! Qu'est-ce que tu fous là !
Claude : - Claude Duglaner, responsable du service contentieux.
Ferdinand : - Et tu avais besoin de me faire perdre mon mercredi pour me parler, ça ne pouvait pas attendre dimanche. Et qu'est-ce que tu glandes dans ce bureau ?
Claude : - L'heure est grave.
Ferdinand : - L'heure ?
Claude : - Soit vous rendez l'argent détourné via de fausses déclarations, soit nous devons déposer plainte au tribunal, et dans cette hypothèse regrettable de non coopération, nous demanderons des dommages et intérêts exemplaires.
Ferdinand : - Hé Claudio, non seulement tu nous as caché ton véritable boulot mais en plus on t'a raconté des salades et tu les as crues. (*en souriant* :) Ta salade crute est trop cuite !
Claude : - J'ai préparé les documents de renonciation. Il vous suffit de les parapher et nous signer un chèque du montant. (*il avance la feuille*)

Ferdinand, *la regardant* : - Mais tu es fou !
Claude : - Une Mercedes et une assurance accident. C'est le montant que vous avez touché.
Ferdinand : - Mais tu es fou ! J'ai payé mes cotisations, j'ai eu la malchance qu'on me vole ma Mercedes et de perdre ma mère.
Claude : - Monsieur Caferré.
Ferdinand : - Tu peux m'appeler Ferdinand. Hé Claudio !, à quoi tu joues ?
Claude, *appuie sur le magnéto présent sur son bureau et on entend :* "Le temps du choc passé, une idée de génie m'a traversé l'esprit, comme si Dieu en personne, au moins Saint Pierre, me l'avait dictée. Il m'a montré le contrat d'assurance, mon archange Gabriel. Alors je l'ai porté dans la voiture et hop, un p'tit accident, comme elle avait une autorisation médicale de ne pas attacher sa ceinture, le pactole par les assurances."

Ferdinand : - Tu as payé un imitateur mais il m'imite très mal ! Il ne fera pas carrière, ton rossignol !
Claude : - C'est un enregistrement réalisé par une personne assermentée, moi.

>   *Ferdinand pose la main droite sur le magnéto.*

Claude : - Ce n'est naturellement qu'une copie audio. L'enregistrement audio et vidéo ne laisse aucun doute, il fut réalisé avec une mini caméra dernier modèle, un bijou de technologie, insérée en lieu et place de ma

montre. On voit très distinctement les lèvres énoncer ces mots. La preuve de culpabilité sera validée par tout tribunal compétent.
Ferdinand, *abattu :* - Oh Claudio, tu m'assassines.
Claude : - Je vous demande juste de restituer les sommes illégalement perçues.
Ferdinand, *se reprenant :* - Alors comme ça, tu pourras vivre avec ma mort sur la conscience ! Comment pourras-tu regarder nos amis ?
Claude : - C'est ma dernière affaire ici. Après un tel résultat, ma demande de mutation sera acceptée.
Ferdinand : - Y'a des promotions pour les assassins, dans ta boîte ?
Claude : - Soyez sérieux, monsieur Caferré, vous avez été riche quelques mois, vous refermez la parenthèse et reprenez votre vie d'avant, où vous n'étiez pas malheureux.
Ferdinand : - J'étais pas malheureux car j'ignorais tout ce qu'on peut se payer avec de l'argent. Maintenant je comprends mieux les politiques, qui se battent pour une écharpe, elle leur permet de faire sauter nos PV, exempter les enfants du service militaire ou signer un permis de construire, le tout contre une petite enveloppe. Tu as déjà été riche, toi ?
Claude : - J'ai un bon salaire.
Ferdinand : - Moi aussi, j'en avais un. Mais on ne devient pas riche en travaillant ! Tu le sais bien !

Claude : - La loi c'est la loi.
Ferdinand : - Ta loi des installés, des capitalistes, des magouilleurs au pouvoir, elle ne s'applique qu'aux vivants ! Tu ne récupéreras pas un centime quand je serai mort. Et tant qu'un tribunal n'a pas prononcé ma condamnation, je bénéficie de la présomption d'innocence, oui monsieur, je peux mourir innocent ! Toutes les procédures s'arrêtent à la mort, tu dois le savoir ! Il suffit que je meurs et tes poursuites, tu te les mets où tu veux ! T'en fais des avions ! Et en plus, pas de mutation, et plus personne ne fera une belote avec toi !
Claude : - Monsieur Caferré, signez et vous pourrez profiter paisiblement de votre retraite.
Ferdinand : - Plutôt mourir ! Plutôt mourir que d'y retourner, au turbin ! Je suis un homme libre, mon ami ! Celui qui n'a pas peur de mourir est libre ! Tu sais que des philosophes l'ont écrit bien avant qu'existent tes assurances !
Claude, *qui perd de sa superbe :* - Monsieur Caferré, soyez raisonnable.
Ferdinand : - Allez, pour tes peines, je veux bien te donner six mois de salaire en échange de tes enregistrements. Pour que tu ne sois pas le dindon de l'affaire.
Claude : - Tentative de…
Ferdinand : - Tu vois, je suis raisonnable, c'est toi qui ne l'es pas ! Je préfère vivre mais s'il le faut je mourrai dignement. Sénèque

s'est suicidé sans pleurer. Tu veux être mon Néron ? Je me suis mis à la lecture et au jardinage, monsieur. Il n'est jamais trop tard pour se cultiver et cultiver ! L'important c'est la dignité, monsieur, on vit dignement et si on ne le peut pas, on meurt dignement.
Claude : - La vie, ce n'est pas de la philosophie. Et le détournement d'argent, ce n'est pas vivre dignement.
Ferdinand : - Qui, de ton assurance ou de moi, est le plus riche ? Qui a des comptes en Suisse ? Qui détourne de l'argent ? Et je vais t'apprendre, mon ami, dans la philosophie antique, il y avait aussi la logique : alors tu as deux possibilités ; soit je sors d'ici et je me fais écrabouiller par une voiture, alors non seulement ton patron ne récupérera jamais un centime de ce qu'il m'a payé mais en plus il paiera mon assurance-vie au fiston (*Claude est de plus en plus inquiet par la tournure des événements*). C'est pas difficile de se faire écraser, il suffit de traverser juste après un virage. Ou alors, on sort, on va chez moi, et on s'entend comme deux gentlemen.
Claude : - Allez Ferdinand, tu as essayé, je t'aime bien, signe, ne m'oblige pas à transmettre le dossier au juge d'instruction.
Ferdinand, *se lève brusquement :* - Tu l'auras voulu. Mais avant de passer sous deux roues, faut que je raconte aux copains ce que tu as fait. J'aurais jamais cru ça de toi ! On t'a accueilli comme un frère ! Je te propose même une bonne prime pour que tu n'aies

pas l'impression que je profite de ton amitié ! Je sais bien que les affaires sont les affaires ! Mais puisque tu préfères perdre sur tous les tableaux ! Non seulement tu finiras ta carrière ici mais plus personne ne jouera à la belote avec toi. (*il part, ouvre la porte*)
Claude : - Attends Ferdinand (*Ferdinand continue*). Tu as gagné Ferdinand.
Ferdinand, *se retournant et revenant juste à la porte* : -Tu disais,
Claude : - Viens t'asseoir, on va s'arranger. T'es vraiment un sacré numéro.

Rideau

Acte 3

(facultatif)

Une pièce légère, montrant les limites de l'honnêteté même chez les hommes chargés de faire respecter la loi des assureurs, peut s'arrêter sur le "on va s'arranger" de l'acte 2.
Avec cet acte, la fin vire au sombre, au tragique.
Il s'adresse naturellement à un autre public, d'autres troupes.
L'auteur laisse ainsi un choix aux troupes ! Donnez la couleur de votre pièce. Et sa longueur.

Scène 1

Décor identique à l'acte 1.

Ferdinand, Pierre, Jef et Claude jouent. Atmosphère très pesante. Visages tristes, fatigués et crispés. Ils terminent une partie. Manque donc Jean.

Jojo, les traits très tirés, plus que fatigué, air malade, entre et pose quatre bières sur la table. Les précédentes ne sont pas vidées.

Jojo, *après avoir toussé :* - Allez les gars, je vous les offre. (*Il se retourne de nouveau pour tousser*)

Claude : - Merci jojo...
Jojo : - Ah, je crois que j'ai vraiment chopé un mauvais coup de froid.
Jef : - Ça doit être ça, t'inquiète pas, ça va passer.
Jojo : - Ah, je crois que ça nous a tous foutu un coup... ça va passer... c'est ce que me promet le vieux Péchaut... son fils, à peine divorcé, va se remarier, avec une Angélique, une de ses élèves... moi c'est sur les bronches que je l'ai pris.
Jef : - L'hiver est long cette année...
Jojo : - Allez, je vous laisse terminer (*en sortant, on l'entend encore tousser*)

Ils reprennent sans passion leur jeu. Silence.

Pierre : - Ah le jojo, y'a que lui qui sait pas ce qu'il a attrapé. Et malgré ça, ça continue de fumer en bas...

Silence jusqu'à la dernière carte.

Ferdinand : - Pierrot ! C'est pas une raison pour jouer comme un pied !
Pierre : - Allez, on pose les cartes !
Jef : - T'as raison. C'est trop dur. Trop injuste. J'en confonds cœur et carreau.
Claude : - La vie est cruelle.
Jef : - Et qu'est-ce qu'il allait foutre chez sa tante, ça fait des années qu'ils se parlaient plus.

Ferdinand : - Hé, il voulait que son père se réconcilie avec sa sœur avant de partir ! Il était plus bien costaud, l'Alphonse. Ça partait d'un bon sentiment.

Pierre : - Ah ! Je vous dois la vérité.
Jef : - La vérité !?
Pierre : - Bin oui... je suis le seul à la connaître... et je sais pas si Jeannot voudrait que ses amis continuent à s'imaginer...
Claude : - Un accident stupide, comme il en arrive tant. Manque de vigilance du chauffeur sur une route familière, qu'il pense connaître même les yeux fermés, comme d'habitude !
Pierre : - Si tu savais....
Jef : - T'es sûr de savoir la vérité vraie, toi ?
Pierre : - J'étais quand même son voisin, et quand il avait besoin d'un coup de main, c'est moi qu'il appelait.
Jef : - Mais t'étais pas sur la route !
Pierre : - Ce maudit dimanche soir, ce maudit 7 mars, Jeannot est venu frapper à ma porte. Son père venait de mourir. Vous savez tous qu'il avait un cancer. Et vous devinez ?
Ferdinand : - Oh j'en ai bien peur ! Malheur !
Pierre : - Hé oui, il m'a demandé de l'aider à le mettre dans la voiture. J'ai bien essayé de le persuader que c'était une bêtise. Tout le monde connaissait son état. Les assureurs ne sont pas aussi cons que ça. Mais il voulait faire comme toi.
Ferdinand : - Aïe aïe aïe.
Pierre : - Ouais... Il venait de relire son

contrat d'assurance, et c'est un accident qu'il fallait. Il allait pouvoir arrêter de travailler, sa femme aussi. Elle, elle avait peur. Elle le suppliait presque, elle a bien répété dix fois que j'avais peut-être raison, qu'ils allaient s'attirer des ennuis.

Jef : - Mais quand il avait une idée en tête !

Ferdinand : - Et il t'a répondu "si Ferdinand a réussi, je vais réussir aussi."

Pierre : - Exactement. Même que sa baronne, elle l'a entendu, et elle a demandé « Ferdinand a réussi quoi ? » et il a conclu « c'est un secret entre amis. Point barre ! » Je peux bien te jurer que ton secret, il est comme nous, le Jeannot, il l'a gardé pour lui.

Ferdinand : - Si je l'avais gardé pour moi !

Pierre, *répète* : - Si Ferdinand a réussi, je vais réussir aussi.

Jef : - Hé, je l'aurais parié.

Pierre : - Alors sa femme, elle n'a pas voulu le laisser partir tout seul, elle a finalement marmonné que ça semblerait bizarre, si elle n'y allait pas, chez la tante. Alors, quand j'ai vu que je pouvais plus les arrêter, j'ai dit, bon, je vais rester ici, comme ça si le gosse se réveille, il sera pas tout seul. Il dormait leur gosse, il savait pas que son pépé était mort.

Ferdinand : - Aïe aïe aïe.

Jef : - Et il est parti avec eux.

Pierre : - Hé oui, sa mère l'a réveillé alors que son pépé et son père étaient déjà dans la voiture, devant. Ils lui ont rien raconté, pauvre gosse, juste qu'ils allaient faire une surprise à la tante Mathilde. Il voulait pas y aller. J'ai proposé une dernière fois "il peut rester ici."

> *Durant la réplique de Pierre, la tête de Jojo apparaît à la porte, puis il se recule, on l'aperçoit encore mais personne parmi les joueurs ne peut le voir. Il se retiendra plusieurs fois, difficilement, de tousser.*

Claude : - Malheur.
Pierre : - Hé oui, comme ça le gosse, si on l'interrogeait, il raconterait ce qu'il savait, ce qu'il croyait, que son pépé était mort dans l'accident parce qu'il avait oublié de boucler sa ceinture. On peut récolter un PV pour une ceinture oubliée mais l'assurance ne peut pas utiliser la faute pour ne pas payer, dixit Jeannot.
Claude : - C'est malheureusement vrai (*s'arrête net, en se rendant compte de sa bévue, non remarquée, sauf par Ferdinand*).
Pierre : - Et voilà, il m'avait prévenu qu'il allait se prendre doucement le poteau après le croisement, juste au virage, là où on l'a retrouvée le lendemain, leur voiture, mais dans la rivière.
Ferdinand : - Merde, j'aurais jamais dû vous raconter.
Pierre : - Le pire, si on peut dire, c'est que le pognon de l'assurance, un sacré pactole, car Jeannot et sa baronne aussi avaient une assurance accident, maintenant il va revenir à son cousin qu'il ne pouvait pas blairer.

Claude : - Sauf si l'assurance parvient à démontrer que le vieux était mort avant.
Pierre : - On est quatre ici, et je ne vois pas l'un d'entre nous aller cafter aux voleurs ce qui s'est passé. C'est vrai que son cousin, il est plus con qu'un balai, il est même gendarme, tu sais.
Ferdinand : - Vous voulez bien me le promettre ?
Pierre : - Quoi ?
Ferdinand : - De jamais essayer de m'imiter.
Jef : - Comme dit ce pauvre Jojo, on peut essayer de t'imiter Ferdinand, mais personne ne t'égalera...
Pierre : - En tout cas, je suis vacciné. Les assureurs sont des voleurs mais je jouerai pas au plus fin pour essayer de leur prendre une plume de leur duvet.
Jef : - Si ça te rend poète ! En tout cas, Ferdinand, tu n'es plus celui que je veux égaler.
Claude : - Pourquoi, tu y avais pensé aussi ?
Jef : - Hé !, si l'occasion s'était présentée... La belle-mère, elle est plus bien vigoureuse, je lui avais collé une assurance accident !
Pierre : - J'avoue que la mienne aussi, elle en a une !
Ferdinand : - Vous êtes plus fous que moi !

Jojo s'éclipse discrètement, sur la pointe des pieds.

Fin – rideau

Auteur

Stéphane Ternoise est né en 1968. Il publie depuis 1991. Il est depuis son premier livre éditeur indépendant.

Dès 2004, il a proposé des livres numériques, en PDF. Mais c'est en 2011 seulement que les ventes dématérialisées ont démarré. Son catalogue numérique (depuis mi 2011 distribué par Immateriel) a ainsi rapidement dépassé celui du papier, grâce à des essais, des livres de photos... tout en continuant la lente écriture dans les domaines du théâtre et du roman. Depuis octobre 2013, et son « identifiant fiscal aux États-Unis », son catalogue papier tend à rattraper celui en pixels.
http://www.livrepapier.com ou
http://www.livrepixels.com

Il convient donc, de nouveau, d'aborder l'auteur sous le biais de l'œuvre. Ainsi, pour vous y retrouver, http://www.ecrivain.pro essaye de fournir une vue globale. Et chaque domaine bénéficie de sites au nom approprié :
http://www.romancier.net
http://www.dramaturge.net
http://www.essayiste.net

http://www.lotois.fr

Vous pouvez légitimement vous demander pourquoi un auteur avec un tel catalogue ne bénéficie d'aucune visibilité dans les médias traditionnels. L'écriture est une chose, se faire des amis utiles une autre !

Catalogue (le plus souvent en papier et numérique, parfois uniquement les pixels, le travail de mise en page papier demandant plus de temps que d'heures disponibles)

Romans : (http://www.romancier.net)
Le Roman de la révolution numérique.
Ils ne sont pas intervenus (le livre des conséquences) également en version numérique sous le titre *Peut-être un roman autobiographique*
La Faute à Souchon ? également sous le titre *Le roman du show-biz et de la sagesse (Même les dolmens se brisent)*
Liberté, j'ignorais tant de Toi également sous le titre *Libertés d'avant l'an 2000)*
Viré, viré, viré, même viré du Rmi
Quand les familles sans toit sont entrées dans les maisons fermées

Théâtre : (http://www.theatre.wf)
Théâtre pour femmes
Théâtre peut-être complet
La baguette magique et les philosophes
Quatre ou cinq femmes attendent la star
Avant les élections présidentielles
Les secrets de maître Pierre, notaire de campagne
Deux sœurs et un contrôle fiscal
Ça magouille aux assurances
Pourquoi est-il venu ?
Amour, sud et chansons
Blaise Pascal serait webmaster
Aventures d'écrivains régionaux
Trois femmes et un amour
La fille aux 200 doudous et autres pièces de théâtre pour enfants
« Révélations » sur « les apparitions d'Astaffort » Brel / Cabrel (les secrets de la grotte Mariette)

Photos : (http://www.france.wf)
Montcuq, le village lotois
Cahors, des pierres et des hommes. Photos et commentaires
Limogne-en-Quercy Calvignac la route des dolmens et gariottes
Saint-Cirq-Lapopie, le plus beau village de France ?
Saillac village du Lot
Limogne-en-Quercy cinq monuments historiques cinq dolmens
Beauregard, Dolmens Gariottes Château de Marsa et autres merveilles lotoises
Villeneuve-sur-Lot, des monuments historiques, un salon du livre... -Photos, histoires et opinions
Henri Martin du musée Henri-Martin de Cahors - Avec visite de Labastide-du-Vert et Saint-Cirq-Lapopie sur les traces du peintre
L'église romane de Rouillac à Montcuq et sa voisine oubliée, à découvrir - Les fresques de Rouillac, Touffailles et Saint-Félix

Livres d'artiste (http://www.quercy.pro)
Quercy : l'harmonie du hasard
Lot, livre d'art
Jésus, du Quercy
Les pommes de décembre
La beauté des éoliennes

Essais : (http://www.essayiste.net)
Le manifeste de l'auto-édition - Manifeste politico-littéraire pour la reconnaissance des écrivains indépendants et une saine concurrence entre les différentes formes d'édition
Écrivains, réveillez-vous ? - La loi 2012-287 du 1er mars 2012 et autres somnifères
Le livre numérique, fils de l'auto-édition
Aurélie Filippetti, Antoine Gallimard et les subventions contre l'auto-édition - Les coulisses de l'édition française révélées aux lectrices, lecteurs et jeunes écrivains
Réponses à monsieur Frédéric Beigbeder au sujet du Livre Numérique (Écrivains= moutons tondus ?)

Comment devenir écrivain ? Être écrivain ? (Écrire est-ce un vrai métier ? Une vocation ? Quelle formation ?...)
Amour - état du sentiment et perspectives
Le guide de l'auto-édition numérique en France
 (Publier et vendre des ebooks en autopublication)
Copie privée, droit de prêt en bibliothèque : vous payez, nous ne touchons pas un centime - Quand la France organise la marginalisation des écrivains indépendants

Chansons : (http://www.parolier.info)
Chansons trop éloignées des normes industrielles
Chansons vertes et autres textes engagés
Chansons d'avant l'an 2000
Parodies de chansons - De Renaud à Cabrel En passant par Cloclo et Jacques Brel

En chti : (http://www.chti.es)
Canchons et cafougnettes (Ternoise chti)
Elle tiote aux deux chints doudous (théâtre)

Politique : (http://www.commentaire.info)
Ce François Hollande qui peut encore gagner le 6 mai 2012 ne le mérite pas
Nicolas Sarkozy : sketchs et Parodies de chansons
Bernadette et Jacques Chirac vus du Lot - Chansons théâtre textes lotois
Affaire Ségolène Royal - Olivier Falorni Ce qu'il faut en retenir pour l'Histoire - Un écrivain engagé, un observateur indépendant
François Fillon, persuadé qu'il aurait battu François Hollande en 2012, qu'il le battra en 2017

Notre vie (http://www.morts.info)
La trahison des morts : les concessions à perpétuité discrètement récupérées - Cahors, à l'ombre des remparts médiévaux, les vieux morts doivent laisser la place aux jeunes...

Cahors : Adèle et Marie Borie contre Jean-Marc Vayssouze-Faure - Appel à une mobilisation locale et nationale pour sauver les soeurs Borie...

Jeux de société
http://www.lejeudespistescyclables.com
La France des pistes cyclables - Fabriquer un jeu de société pour enfants de 8 à 108 ans
Le bon chemin pour Saint-Jacques-de-Compostelle

Autres :
La disparition du père Noël et autres contes
J'écris aussi des sketchs
Vive les poules municipales... et les poulets municipaux - Réduire le volume des déchets alimentaires et manger des oeufs de qualité

Œuvres traduites :
La fille aux 200 doudous :
- *The Teddy (Bear) Whisperer* (Kate-Marie Glover) - Das Mädchen mit den 200 Schmusetieren (Jeanne Meurtin)
- Le lion l'autruche et le renard :
- How the fox got his cunning (Kate-Marie Glover)

- Mertilou prépare l'été :
- The Blackbird's Secret (Kate-Marie Glover)

- *La fille aux 200 doudous et autres pièces de théâtre pour enfants (les 6 pièces)*
- La niña de los 200 peluches y otras obras de teatro para niños (María del Carmen Pulido Cortijo)

Mentions légales

Tous droits de traduction, de reproduction, d'utilisation, d'interprétation et d'adaptation réservés pour tous pays, pour toutes planètes, pour tous univers.

Vous souhaitez jouer une pièce de l'auteur ?
http://www.ternoise.fr

9   Distribution : six femmes.

41   Distribution : six hommes.

67   Auteur

Dépôt légal à la publication au format ebook du 7 mars 2011.

Imprimé par CreateSpace, An Amazon.com Company pour le compte de l'auteur-éditeur indépendant.
livrepapier.com

ISBN 978-2-36541-542-2
EAN 9782365415422
Ça magouille aux assurances ((Pièce de théâtre avec six femmes ou version six hommes), de Stéphane Ternoise
© **Jean-Luc PETIT - BP 17 - 46800 Montcuq France**

www.ingramcontent.com/pod-product-compliance
Lightning Source LLC
Chambersburg PA
CBHW060217050426
42446CB00013B/3094